AF358319

CONDITIONS DE LA VENTE

Elle sera faite au comptant.

Les acquéreurs paieront *dix pour cent* en sus des enchères.

L'exposition mettant le public à même de se rendre compte de la nature et de l'état des objets, aucune réclamation ne sera admise une fois l'adjudication prononcée.

Paris. — Imprimerie Georges Petit, 12, rue Godot-de-Mauroi. — 2202-96

CATALOGUE

DES

IMPORTANTS

COLLIERS DE PERLES

Collier de 7 Rangs de Perles

TRÈS BEAU RANG DE 67 PERLES

BEAUX BIJOUX

Broches — Bracelets — Bagues — Sautoirs, etc.

MONTÉS DE

PERLES, BRILLANTS, RUBIS, ÉMERAUDES ET SAPHIRS

RIVIÈRE & COLLIER EN BRILLANTS

Broche ornée d'un très beau Saphir cabochon

Appartenant à Madame la Princesse X...

ET DONT LA VENTE AUX ENCHÈRES PUBLIQUES AURA LIEU

HOTEL DROUOT, SALLES Nᵒˢ 9 & 10

Les Jeudi 24, Vendredi 25 et Samedi 26 Novembre 1910

à deux heures

<table>
<tr><td>COMMISSAIRE-PRISEUR</td><td>EXPERT</td></tr>
<tr><td>M. F. LAIR-DUBREUIL</td><td>M. GEORGES FALKENBERG</td></tr>
<tr><td>6, rue Favart, 6</td><td>6, rue Lafayette, 6</td></tr>
</table>

EXPOSITIONS

PARTICULIÈRE : *Le Mardi 22 Novembre 1910, de 2 heures à 6 heures*
PUBLIQUE : *Le Mercredi 23 Novembre 1910, de 2 heures à 6 heures*
Entrée rue de la Grange Batelière

ORDRE DES VACATIONS

Jeudi 24 Novembre 1910.

Numéros

Colliers	5	à 9
Broches	10	à 19
Bracelets	40	à 45
Sautoirs	60	et 61
Divers	70	à 75

Vendredi 25 Novembre 1910

Collier	1	
Broches	20	à 28
Bracelets	46	à 52
Sautoir	59	
Bagues	64	et 65
Divers	66	à 69

Samedi 26 Novembre 1910.

Colliers	2	à 4
Broches	29	à 39
Bracelets	53	à 58
Sautoirs	62	et 63
Divers	76	à 82

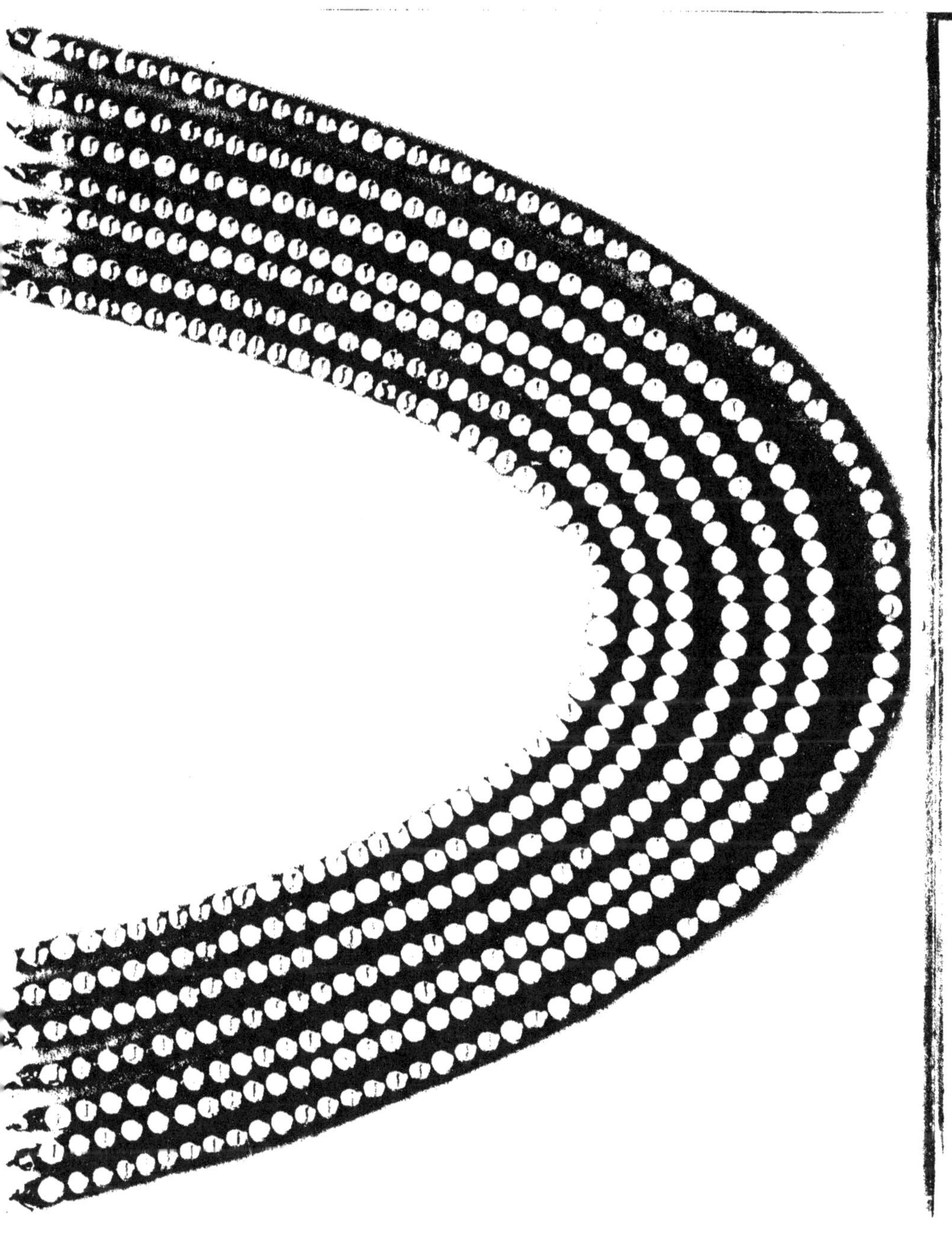

Désignation

COLLIERS DE PERLES

1 — **BEAU COLLIER** composé de 7 rangs
de perles blanches.

Premier rang : soixante perles.

Poids : 408 grains.

Deuxième rang : soixante et une perles.

Poids : 42. grains.

Troisième rang : soixante-cinq perles.

Poids : 46. grains.

Quatrième rang : soixante-neuf perles.

Poids : 48. grains.

Cinquième rang : soixante-treize perles.

Poids : 5.. grains.

Sixième rang : soixante-dix-sept perles.

Poids : 504 grains.

Septième rang : quatre-vingt-sept perles.

Poids : 5.. grains.

Ce collier pourra être divisé.

2 — TRÈS BEAU COLLIER formé de soixante-sept perles blanches.

Poids : 472 grains.

3 — COLLIER formé de cinquante et une grosses perles blanches.

Poids : 856 grains.

4 — COLLIER formé de soixante-neuf grosses perles blanches.

Poids : 903 grains.

5 — IMPORTANT COLLIER formé de quarante-deux perles blanches surmontées de quarante-trois chatons sertis de brillants.
Fermoir brillant.

Poids des perles : 580 grains.

6 — COLLIER formé de quinze rangs de petites perles et terminé
à chaque extrémité par une bague sertie d'un rang de saphirs
entre deux rangs de brillants et d'un rubis cabochon. Le
fermoir, qui représente un gros macaron pavé de brillants,
de rubis et de saphirs cabochons, est relié au collier par
deux perles poires.

RIVIÈRES & COLLIER EN BRILLANTS

7 — RIVIÈRE composée de trente-quatre chatons sertis de gros
brillants.

8 — PARTIE DE RIVIÈRE composée de vingt-six chatons sertis de
brillants.

9 — COLLIER formé de quatre-vingt-deux chatons sertis de
brillants.

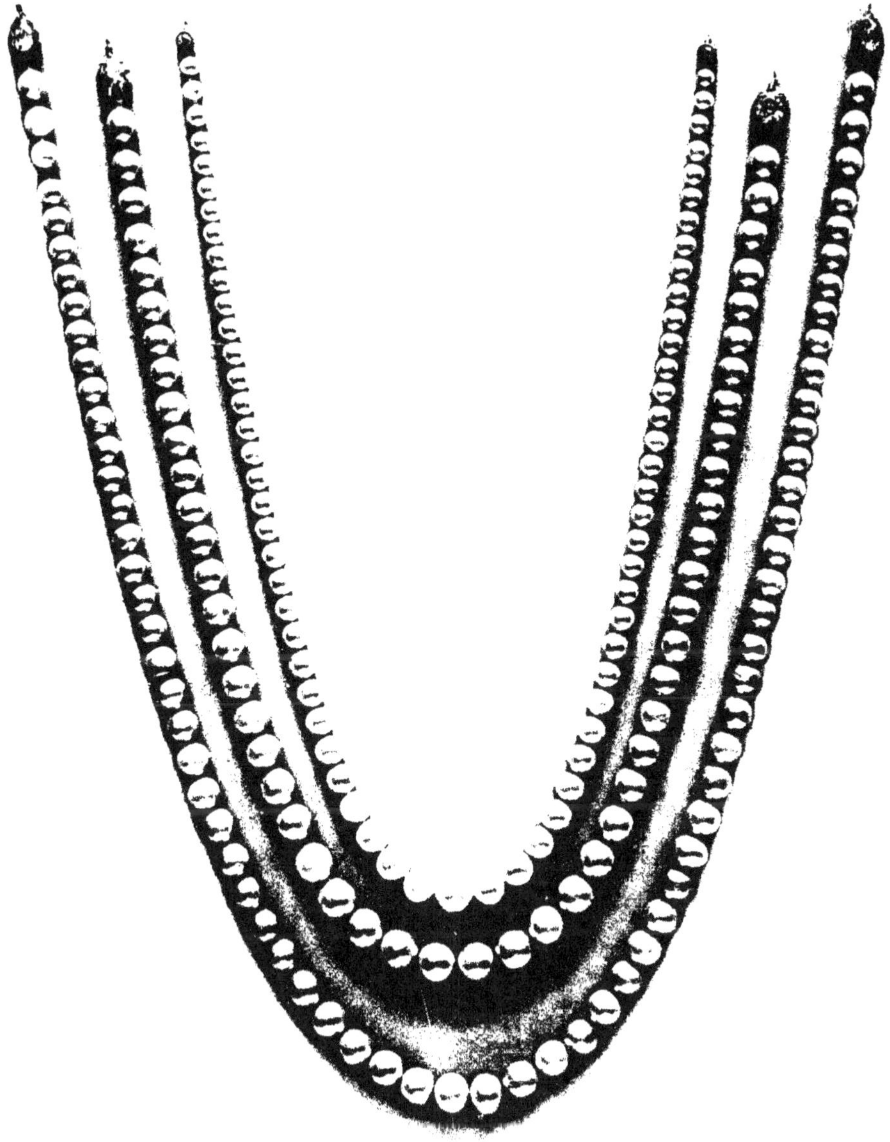

BROCHES

10 — BROCHE formée d'un très beau et gros saphir cabochon, supporté par deux poires brillants, et terminée par une arrachée pavée de brillants.

> Poids du saphir cabochon : 45 carats 84

11 — BROCHE enrichie d'un gros saphir entouré d'un rang de gros brillants.

12 — BROCHE formée d'un gros brillant en losange et terminée par une pampille brillant poire surmontée d'un petit brillant.

13 — BROCHE formée d'une grosse perle entourée de quatre cubes pavés de brillants.

14 — BROCHE formée de trois perles blanches disposées en triangle, séparées par des chatons en brillants, avec un rubis au centre, et terminée par une pampille formée d'une perle et de chatons rubis et brillants.

15 — BROCHE représentant une libellule dont le corps est serti de brillants, et les ailes, en émail translucide, bordées d'un rang de brillants, sont semées de chatons montés de brillants.

16 — BROCHE-BARRETTE formée d'ornements en saphirs et brillants. Au centre, un saphir entouré de brillants.

17 — PETITE BROCHE carrée sertie de brillants et de roses, enrichie au centre de trois perles.

9 782329 531052